NOTICE

DES

PRINCIPAUX ARTICLES

DE LA BIBLIOTHÈQUE

De Feu M. AMABERT,

CHEVALIER DE SAINT-LOUIS, MEMBRE DE LA LÉGION-D'HONNEUR,
DIRECTEUR-GÉNÉRAL DE LA LOTERIE.

Dont la Vente se fera le jeudi 30 novembre 1815, et jours suivans, à six heures très-précises de relevée, rue Thérèse, butte Saint-Roch, n° 8.

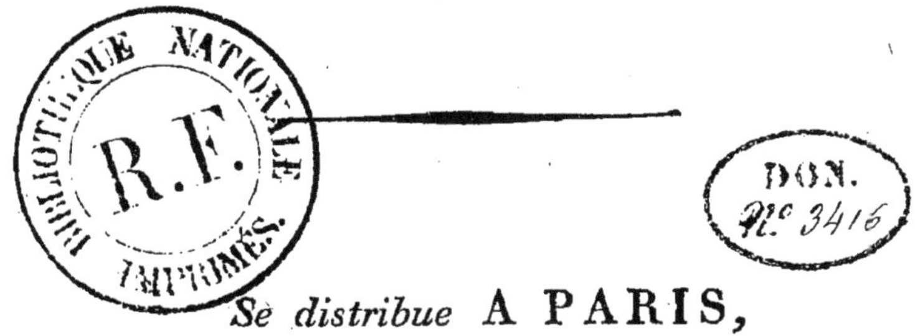

Se distribue **A PARIS,**

Chez MM.
{
De Bure frères, Libraires du Roi et de la Bibliothèque du Roi, rue Serpente, n° 7 ;

Bonnefons-Lavialle, Commissaire-priseur, rue Montmartre, n° 148.
}

DE L'IMPRIMERIE DE CRAPELET.

1815.

Les Livres seront exposés dans l'ordre qui suit :

Première Vacation , jeudi 30 novembre 1815. - - — *936 - 65*

LXIII. LXIV. LXV. LXVI. LXVII. LXVIII. LXIX. LXX.
LXXI. LXXII. LXXIV. LXXIII. CIV. CV. C. CI. LXXXI.
XXIII.

Seconde Vacation , vendredi premier décembre. - - *1533. 15*

XXVI. XXVII. XXXIV. XXXV. XXXVI. XXXVII. XXXVIII.
XXXIX. XL. XXVIII. IV. VI. VII. XI. XII. IX. V.

Troisième Vacation , samedi 2 décembre. - — *1351 - 40*

XLIV. XLV. XLVI. XLVII. XLVIII. XLIX. L. LI. LII. II. III.
X. XIII. XVI. VIII.

Quatrième Vacation , lundi 4 décembre. - — *1242. 65*

CII. CIII. XCVIII. LXXXIII. LXXXIV. LXXXII. XCI. XCII.
XCIII. XC. XCIV. XCV. XCVI. XCVII. LXXXV. LXXXVI.
LXXXVII. LXXXVIII. LXXXIX. XCIX.

Cinquième Vacation , mardi 5 décembre. — — *1431. 90*

LVI. LIX. LX. LXII. LXXV. LXXVI. LXXVII. LXXVIII.
LXXX. LIII. LIV. LV. XIV. XV. XVII. I. LVII. LVIII.

Sixième Vacation , mercredi 6 décembre. — *2519 . 95*

XXXIII. XLI. XLII. XLIII. LXI. CVII. XXXI. XXIX. XXX.
XXXII. XVIII. XIX. XX. XXI. XXII. XXIV. XXV.
LXXIX. CVI.

Parmi les Livres qui ne sont pas portés sur la Notice, il y a
un grand nombre de bons ouvrages dépareillés.

9015 . 70

Merlin.

fournier ainé

p.

Rey.

retiré

Rey

p.

NOTICE

DES LIVRES

DE FEU M. AMABERT.

N° I. 38 *vol. in-fol. rel.* dont :

Encyclopédie, ou Dictionnaire raisonné des Sciences, des Arts, etc. par Diderot et d'Alembert. *Paris*, 1751, 35 *vol. v. m.*

Histoire du Japon, par Kæmpfer. *La Haye*, 1729, 2 *tom. en* 1 *vol. fig. Gr. Pap.*

Discours sur la Bible, par Saurin. *Les deux premiers volumes.*

N° II. 167 *vol. in-12. dem. rel.* dont :

Bibliothèque des Romans, de 1775 à 1789. *Il manque le mois d'octobre* 1775.

Nouvelle Bibliothèque des Romans. *Paris, an VI, les sept premières années.*

N° III. 49 *vol. in-8. et in-12. rel. et cart.* dont :

Dictionnaire d'Histoire naturelle, de Bomare. *Lyon*, 1791, 15 *vol. in-8.*

Métamorphoses et Fastes d'Ovide, trad. par St.-Ange. *Paris*, 1800, 4 *vol. in-8. cart.*

Recueil de Voyages aux Indes orientales. *Rouen*, 1725, 10 *vol. in-12. fig.*

A

N° IV. 31 *vol. in-fol. et in-4. rel.* dont :

16 — — — Voyages d'Oléarius et de Mandelslo. *Amst.* 1727 ,
4 *tom. en* 2 *vol. in-fol. fig.*

13 — — Dictionnaire italien d'Alberti. *Marseille,* 1772 ,
2 *vol. in-4.*

Recherches sur les finances de France, par For-
bonnais. *Basle,* 1758 , 2 *vol. in-4.*

D. 19 — 5 mem. sur les chinois 4.e tom. 9. 10. 13. 14 et 15 Den. vol.

N° V. 46 *vol. in-4.*

170 — — — Histoire universelle, par une société de gens de
lettres. *Amst.* 1770, *v. m.*

N° VI. 24 *vol. in-4. rel.* dont :

4 — 9 5 Théorie des Équations, par Bezout. *v.*

38 — 50 — Maison rustique, par Bastien. *Paris,* 1804, 3 *vol.*

9 — — Iliade et Odyssée d'Homère, par Rochefort. *Paris,
Impr. royale,* 1781, 2 *vol.*

40 — — Œuvres de J. Racine. *Paris,* 1760, 3 *vol. gr. in-4.
fig.*

N° VII. 21 *vol. in-fol. et in-4. rel. et cart.* dont :

15 — 5 . Dictionnaire géographique de la Martinière. *Dijon,*
1739, 6 *vol. in-fol.*

95 — 5 . Tableaux de la Suisse, par Laborde. *Paris,* 1784,
74 — — — 12 *vol. in-4. fig.*
62 — 5

N° VIII. 23 *vol. in-fol. et in-4. rel. et br.* dont :

260 — — Le Moniteur universel, depuis 1800 jusqu'à 1814
inclusivement : plus, l'Introduction audit jour-
nal, et les Tables. 7 vol. in-4. br.

N° IX. 44 *vol. in-8. rel.* dont :

95 — — Histoire abrégée des Voyages, par La Harpe, avec

31 — 50 la table du moniteur 7 vol in 4.e bro.

4 — 5 l'introduction 1 vol

Rey.
p.

retiré.

pierre

Rey.
Rey
Dessorga.
p.

p.

pierre.
Warwicade

rivada gâté
rivada une à fin

Secq.

Moniteur. vov. mio[+]
tables. martin. 2y[t].

Rouget

de trois relieurs différents

p.
p.

Histoire. Cag.
De trois relium differentes

Voyage. Cag. — manque l'atlas.

Marié oncle

pelicier.
pichard
p.

Acy
loincan
p.

Dalin
p.
Acy

la continuation et l'Histoire des voyages en
Europe. *Paris*, 1780, *et ann. suiv.* Il manque le
vol. 6 des Voyages en Europe et l'atlas.

N° X. 41 *vol. in-*12. dont :

Le Cabinet des Fées. *Genève*, 1785, *fig. rel. avec* *42 — 50*
Un peu déchiré.

N° XI. 39 *vol. in-*4. *rel.* dont :

Histoire générale des Voyages, par Prévost. *Paris*, *72 — 5*
1746, 20 *vol.*

Cartes pour servir à l'Histoire de France. 2 *vol.* *11 — 50*
en un.

Voyage à la recherche de la Pérouse, par la Billar- *12 — 5*
dière. *Paris, an VIII,* 2 *vol.*

N° XII. 18 *vol. in-fol. et in-*4. *rel.* dont :

Voyages de Tavernier. *Paris,* 1676, 3 *vol. in-*4. *12 — 95*
fig. m. r.

Description et Voyage de l'Arabie, par Niebuhr. *34*
Paris, 1779, *et Amst.* 1776, 3 *vol. in-*4. *fig.*

Traité des Monnoies d'or et d'argent, par Bonne- *65*
ville. *Paris,* 1806, *in-fol. fig.*

Histoire de l'Empire mexicain, représentée par
figures, par Thomas Gage. *Paris* (1663), *in-fol.*

Cette histoire fait partie des voyages de M. Thévenot.

N° XIII. 35 *vol. in-fol. et in-*4. *rel.* dont :

Dictionnaire de Trévoux. *Paris,* 1752, 7 *vol.* *18 — 5*
in-fol.

Encyclopédie des Voyages, par Grasset St. Sau- *40*
veur. *Paris,* 1796, 5 *vol. in-*4. *fig. coloriées.*

Voyage autour du Monde, par Marchand. *Paris,* *17 — 95*
an VI, 4 *vol. in-*4.

N° XIV. 9 *vol. in-fol. rel.*

24 — Dictionnaire historique de Bayle. *Amst.* (*Trévoux*), 1734, 5 *vol. in-fol.*

20 . 20 Dictionnaire de Chaufepié. *Amst.* 1753 , 4 *vol.*

N° XV. 24 *vol. in-4. rel.* dont :

12 . 7 0 Histoire universelle, par Puffendorff, revue par de Grace. *Paris*, 1753, 8 *vol. Gr. Pap.*

7 — Histoire de Saint-Domingue, par Charlevoix. *Paris*, 1730, 2 *vol.*

5 Description de l'Egypte, par Le Mascrier. *Paris*, 1735, *fig.*

N° XVI. 17 *vol. in-4. rel.* dont :

41 — Histoire philosophique de Raynal. *Genève*, 1780, et atlas, 5 *vol.*

7 . 95 Voyages faits en Asie, par Pierre Bergeron. *La Haye*, 1735, 2 *vol. fig.*

7 — L'Ingénieur de campagne, par Clairac. *Paris*, 1757, *fig.*

5 . 95 Voyage dans l'Amérique septentrionale, par Chabert. *Paris*, 1753, *fig.*
Voyage aux Moluques et à la Nouvelle-Guinée, par Forrest. *Paris*, 1780, *fig.*

N° XVII. 19 *vol. in-4. rel. et cart.* dont :

15 . 65 Mémoires de Montécuculli, par Turpin Crissé. *Paris*, 1769, 3 *vol. fig.*

25 . — Mœurs des Sauvages américains, par Lafitau. *Paris*, 1724, 2 *vol. fig.*
Histoire des Découvertes et Conquêtes des Portugais, par le même. *Paris*, 1733, 2 *vol. fig.*

14 . 95 Description de Saint-Domingue, par Moreau de Saint-Méry. *Philadelphie*, 1797, 2 *vol.* ~~Pap. Vél.~~

8 . 95 Voyage de Fleurieu. *Paris*, 1773, 2 *vol. cart.*

Bonnefons
Rey.
P.
fournier ainé.
Volland.

Rey
Rey,
Rey
Cordier?

Brunand.
Rey
Rey
Brunand.

Mayle. Cag.

Memoires p. lenet. y.

Ney

planches.

Dabin

Ney

planche

Ney

Ney

Dictionnaire. (ag.

merveilleux. Bylenet. 27.

Ney

planche

p.

Nº XVIII. 12 *vol. in-fol. et in-4. rel.* dont :

Voyages de la Motraye. *La Haye,* 1727 *et* 1732, 3 *vol. in-fol. fig.* Les deux premiers, *Gr. Pap.* et le troisième, *Pet. Pap. v. f.* Exemplaire de Soubise.

Œuvres de Plutarque, trad. par Amyot. *Paris,* 1655, 4 *vol. in-fol. Gr. Pap. avec portraits.*

Nº XIX. 14 *vol. in-fol. rel.* dont :

Dictionnaire de Moréry. *Paris,* 1725, 6 *vol. et* 4 *de* supplément.

Description de la Chine, par Du Halde. *Paris,* 1735, 4 *vol. fig.*

Nº XX. 20 *vol. in-fol. rel. et cart.* dont :

Voyages de Corneille Le Brun , en Perse et aux Indes Orientales. *Amst.* 1718, 2 *vol. fig. rel.*

Voyage au Levant, par le même. *Paris (Hollande) ,* 1714, 1 *vol. fig. rel. Gr. Pap.*

Voyage aux Indes-Orientales et à la Chine, par Sonnerat. *Paris,* 1782, 2 *vol. in-4. fig. rel.*

Description de la Morée, par Coronelli. *Paris ,* 1687, *in-fol. fig.*

Nº XXI. 27 *vol. in-fol. et in-4. rel. et cart.* dont :

Dictionnaire de la Bible, par D. Calmet. *Paris ,* 1722, 2 *vol.* = Supplément, 1728, 2 *vol. fig.* en tout 4 *vol. v. f. Gr. Pap.*

Mes Rêveries, par le maréchal de Saxe. *Paris ,* 1757, 2 *vol. in-4. fig. coloriées , v. f.*

Histoire de la République romaine, par Salluste, donnée par le P. De Brosses. *Dijon ,* 1777 , 3 *vol.* gr. *in-4. v. éc. fig.*

N° XXII. 24 *vol. in-fol. et in-4. rel. et broch.* dont :

Relations de divers voyages par Melchisedec Thévenot. *Paris*, 1696, 2 *vol. fig.*

Histoire des Juifs, par Joseph, trad. par Arnauld d'Andilly. *Amst.* 1681, *in-fol. fig. Gr. Pap.*

Description de l'Afrique, par Dapper. *Amst.* 1686, *in-fol. fig.*

Histoire naturelle de Pline, par Du Pinet. *Lyon*, 1581, 2 *vol. in-fol. m. r.*

N° XXIII. 12 *vol. in-fol. rel.*

Tableau général de l'Empire othoman, par Mouradja d'Ohsson. *Paris*, 1787, 2 *vol. fig.*

Antiquité expliquée, par Montfaucon. *Paris*, 1722, 10 *vol. fig. Gr. Pap.*

N° XXIV. 20 *vol. in-fol. et in-4. rel. et br.* dont :

La Sainte-Bible, trad. par de Sacy. *Bruxelles*, 1700, 3 *vol. gr. in-4. l. r.*

Recueil de cent estampes, représentant différentes nations du Levant, par de Ferriol. *Paris*, 1714, *gr. in-fol.*
Il manque la première estampe.

Catalogue de la Bibliothèque du Conseil-d'Etat, par M. Barbier. *Paris; an XI*, 2 *tomes en* 1 *vol. in-fol. cart.*

N° XXV. 23 *vol. in-4. et in-8. rel.* dont :

Description des Fêtes célébrées à Parme, en 1769, pour le mariage de don Ferdinand et de l'archiduchesse Marie-Amélie, (en italien et françois). *Parme, in-fol. atlantico, fig. v. porph.*

Les Ruines de la Grèce, par Le Roy. *Paris*, 1758, *grand in-fol. fig. m. r.*

Acy
gab. warié
p.

fournier ainé
Cordier.

Bonnefons
pichard.

Vollas.

warié oncle   imparfait

pichard.

avec une dee italien espagnol et
françois.

marque l'atlas.   p.

annales. Nov. 18.   Rey
              marque l'atlas.   p.

tableau. C.   p.

                                                   Rey.

                                                   Monnefous

                                                   y

                                                   p.

                                                   Desforges.

marque l'atlas.   p.

                                                   Rey.

                                                   junr.

                                                   Rey.

Trésor des langues de cet univers, par Duret. *Co-* 7 -- 25 *.*
 logny, 1613, *in-*4.
Dictionnaire géographique de Vosgien. *Paris*, 1 *.*
 1803, *in-*8.

N° XXVI. 33 *vol. in-*8. *rel.* dont :

Itinéraire descriptif de l'Espagne, par Laborde. 8 -- 55 *.*
 Paris, 1807, 5 *vol.*
Annales dramatiques, ou Dictionnaire général des 19 *.*
 théâtres. *Paris*, 1808, 9 *vol.*
Voyage en Chine, par John Barrow, trad par 5 *.*
 Castéra. *Paris*, 1805, 3 *vol.*
Tableau général de la Russie moderne, par Co- 8 *.*
 meyras. *Paris*, 1807, 2 *vol.*
Voyage au Nouveau-Mexique, par Pike, trad. par 5 *.*
 Breton. *Paris*, 1812, 2 *vol.*
Voyage dans le Nord de la Russie, par Billings, 3 -- 50 *.*
 trad. par Castéra. *Paris*, 1802, 2 *vol.*

N° XXVII. 30 *vol. in-*8. *rel.* dont :

Essai politique sur le royaume de la Nouvelle- 27 - 9
 Espagne, par Humboldt. *Paris*, 1811, 5 *vol.*
Voyage dans la Haute-Pensylvanie et dans l'Etat de 5 *.*
 New-York. *Paris*, 1801, 3 *vol.*
Voyage en Islande, trad du danois, par la Peyro- 7
 nie. *Paris*, 1802, 5 *vol.*
Voyage en Grèce et en Turquie, par Sonnini. 3
 Paris, 1801, 2 *vol.*

N° XXVIII. 19 *vol. in-*4. *rel.* dont :

Voyage de l'Amérique méridionale, par Ulloa. 17 - 95
 Amst. 1752, 2 *vol. fig.*
Histoire des Navigations aux Terres australes, par 3 *.*
 de Brosses. *Paris*, 1756, 2 *vol.*
Annales d'Espagne et de Portugal, par Colmenar. 14 - 95 *.*
 Amst. 1741, 4 tomes en 2 *vol. fig.*

Voyages historiques et géographiques dans les pays situés entre la mer Noire et la mer Caspienne. *Paris*, 1798, *gr. in-4.*

Description de la Guyane, par Bellin. *Paris*, 1763, 1 *vol.*

N° XXIX. 22 *vol. in-fol. et in-4. rel. et cart.* dont :

La Religion vengée, par Bernis. *Parme, Bodoni,* 1795, *in-fol. cart.*

Manuale di Epitteto da Eritisco Pilenejo, gr. et ital. *Parma, Bodoni,* 1793, *gr. in-4. cart.* Edition tirée à cent exemplaires.

Description du golfe de Venise et de la Morée, par Bellin. *Paris,* 1771, *in-4. Avec des cartes.*

Voyage à l'Equateur, par la Condamine. *Paris,* 1751, *in-4. fig.*

N° XXX. 30 *vol. in-4. et in-8. rel.* dont :

Voyage de Chardin en Perse, etc. *Amst.* 1711, 3 *vol. in-4. fig.*

Voyages de Pallas en Russie. *Paris,* 1788, 5 *vol. in-4.*

Voyage d'Anacharsis en Grèce, par Barthelemy. *Paris,* 1788, 7 *vol. in-8. et atlas. in-4.*

Voyage de Schaw en Barbarie et au Levant. *La Haye,* 1743, 2 *vol. in-4.*

Dictionnaire des Drogues, par Lemery. *Paris,* 1760, *in-4. fig.*

N° XXXI. 45 *vol. in-8. rel.* dont :

Tableau de Paris, par Mercier. *Amst.* 1782, 12 *vol.*

Fêtes et Courtisannes de la Grèce, par Chaussard. *Paris,* 1801, 4 *vol. fig.*

Mémoires sur l'Egypte. *Paris,* 1800, 4 *vol. Avec des cartes.*

voyager. Nov. 5

p.

planche

Acy .
Acy

p.
pierre.
Acy.
gregoire.
p.

Acy
Idem
p.

2 vol. piqués
manque l'atlas.

Manque l'atlas.

Description. planet. 10#
etat. planet. 10#

Manque l'atlas.

Bleact.
grand.
vollard.
Cordier

Cordier.
p.

Laloy
p.
p.
p.
p.

N° XXXII. 40 *vol. in-4. et in-8. rel.* dont :

Les trois Voyages de Cook. *Paris,* 1774, *in-8. avec* 121.
   les 3 *atlas ,* 27 *vol.*
Voyage de la Chine , par Meares, trad. de l'anglois
   par Billecocq. *Paris ,* 1795, 3 *vol.*   7 - 95.
Œuvres de Demoustier. *Paris ,* 1804, 2 *vol.* -

N° XXXIII. 32 *vol in-4. et in-8. rel.* dont :

Description de l'Indostan , par Rennell , trad. par   8 . -
   Boucheseiche. *Paris ,* 1800 , 3 *vol. et atlas. in-4.*
Etat des Prisons , des Hôpitaux , etc. par Howard.   10 - 95.
   Paris , 1788 , 2 *vol. fig.*
Voyage de deux françois au nord de l'Europe.   20.
   Paris , 1796, 5 *vol. rel. en* 4.
Voyage dans l'Amérique septentrionale , par Bar-   3 - 50.
   tram, trad. de l'anglois par Benoist. *Paris, an*
   IX , 2 *vol.*
Voyage en Hongrie, par R. Townson, trad. de l'an-   5.
   glois par Cantwel. *Paris ,* 1800 , 3 *vol. fig.*
Voyages à Madagascar , etc , par Rochon. *Paris ,*   5
   an x , 3 *vol.*

N° XXXIV. 37 *vol. in-8. rel.* dont :

Lettres athéniennes , trad de l'anglois par Ville-   8.
   terque. *Paris ,* 1803 , 3 *vol. fig.*
Voyage dans la Haute et Basse-Egypte, par Son-   7.
   nini. *Paris, an* VII, 3 *vol.*
Nouveau recueil de Voyages au Nord de l'Europe.   3 - 10.
   Genève, 1785, 2 *vol. fig.*
Voyage autour du Monde , par Parkinson , trad.   4 - 95.
   de l'anglois par Henry. *Paris ,* 1797, 2 *vol.*
Mémoires sur Cayenne , par Bajon. *Paris ,* 1777,   3 - 5.
   2 *vol. fig.*

N° XXXV. 3o *vol. in-8. rel.* dont :

22--5   Voyage dans les Etats-Unis d'Amérique , par La Rochefoucauld-Liancourt. *Paris , an VII, 8 vol.*

10 - —   Voyage aux Indes orientales , par Renouard de Sainte-Croix. *Paris , 1810, 3 vol.*

8--2o   Voyage en Russie, en Tartarie et en Turquie, par Clarke. *Paris , 1813, 3 vol,*

4 - —   Relation de l'Ambassade angloise au royaume d'Ava, par Symes, trad. de l'anglois par Castéra. *Paris, 1800, 3 vol.*

N° XXXVI. 44 *vol. in-8. rel.* dont :

14--95   Voyage de Tournefort au Levant. *Lyon , 1717, 3 vol. fig.*

10 - —   Voyage en Pologne , Russie , Suède, etc. , par Coxe, trad. de l'anglois par Mallet. *Genève , 1787, 4 vol. fig.*

3 - - 5   Voyages de Lédyard et Lucas en Afrique , trad. de l'anglois par Lallemant. *Paris, 1804, 2 vol.*

19--95   Voyage dans les quatre principales isles des mers d'Afrique , par Bory de Saint-Vincent. *Paris, 1804, 3 vol. et atlas.*

12--5   Plutarque anglois, par la baronne de Vasse. *Paris, 1787, 12 vol.*

N° XXXVII. 3o *vol in-8. rel.* dont :

5--5o   Essai sur l'Indoustan , par Legoux de Flaix. *Paris, 1807, 2 vol. et atlas cart.*

10 --5o   Voyage en Angleterre, Ecosse et Irlande, par Chantreau. *Paris, 1792, 3 vol. fig. v.*

8 --95   Voyages dans l'Asie mineure et en Grèce, par Chandler. *Paris , 1806 , 3 vol. fig.*

5 - - 5   Lettres de Sestini sur la Sicile et la Turquie. *Paris, 1789 , 3 vol.*

Vollard.

p.

Vollard.

p.   marque l'atlas.

Rey

Roizeau

p "

Rey

p

p

Rey.

Rey.

Rey

Marque l'atlas.

p.

p.

Marque l'atlas —

gregoire
p.

p.

p.

Marque l'atlas.

Duforges
Rouget
p.

Ney
Ney
p.

Vollard.

Voyage de la Pérouse autour du Monde , rédigé par Millet-Mureau. *Paris, * 1798., 4 *vol.*

N° XXXVIII. 30 *vol. in-8. rel.* dont :

Voyages autour du Monde , par Bérenger. *Paris,* 1790 , 9 *vol. fig.*

Les Voyageurs en Suisse, par Lantier. *Paris,* 1803, 3 *vol.*

Voyages dans l'Indoustan, à Ceylan , etc. par G. Valentia , trad. de l'anglois par Henry. *Paris,* 1813, 4 *vol.*

Voyage autour du Monde, par Vancouver, trad. de l'anglois par Henry. *Paris, an* x *, 5 vol. et atlas.*

Nouveau voyage dans la Haute et Basse-Egypte , par Browne , trad. de l'anglois par Castéra. *Paris,* 1800, 2 *vol. fig.*

N° XXXIX. 30 *vol. in-8. rel.* dont :

Voyage aux sources du Nil , par Bruce. *Londres,* 1790 , 13 *vol.*

Voyage dans les Alpes, par Saussure. *Genève,* 1786, 8 *vol. fig.*

Mémoires des reines et régentes de France , par Du Radier. *Paris,* 1808, 6 *vol.*

N° XL. 24 *vol. in-8. rel.* dont :

Œuvres de Caylus. *Paris,* 1787, 12 *vol. fig.*

Œuvres de Piron. *Neufchâtel,* 1777, 8 *tomes en* 7 *vol.*

Dictionnaire bibliographique de Cailleau. *Paris,* 1790, 4 *vol.*

N° XLI. 20 *vol. in-fol. et in-4. rel.* dont :

Dictionnaire historique et géographique de la Bretagne, par Ogée. *Nantes,* 1788, 4 *vol. in-4.*

7 . . Voyage au Cap de Bonne-Espérance, par Sparr-
man, trad. par Le Tournenr. *Paris*, 1787,
2 *vol in-4. fig.*

3 . 65 Voyage autour du Monde, par Anson. *Amst.* 1749,
fig.
La Banque rendue facile, par Giraudeau. *Lyon*,
1769.

N° XLII. 41 *vol. in-fol. et in-8. rel. et cart.* dont :

3 . . 65 Voyage à la côte occidentale d'Afrique, par de
Grandpré. *Paris*, 1801, 2 *vol. in-8.. et atlas in-
fol. cart.*

11 . . 60 Voyage dans les mers de l'Inde, par Le Gentil. *En
Suisse*, 1780, 5 *vol. in-8. fig.*

7 . . 95 Nouveau Voyage en Espagne, par Bourgóing.
Paris, 1789, 3 *vol. in-8. fig. v.*

6 . . 50 Tableau de l'Empire de Russie, par Damaze de
Raymond. *Paris*, 1812, 2 *vol. fig.*

7 . . 5 Voyage de Thunberg au Japon. *Paris*, 1796,
4 *vol. fig.*

4 . 95 Voyage en Portugal, par Murphy. *Paris*, 1797,
2 *vol. fig.*

N°. XLIII. 33 *vol. in-8. rel.* dont:

41 . . 5 Œuvres complètes de Tissot, revues par Hallé.
Paris, 1809, 11 *vol. v. j.*

4 . . 5 Lettres sur l'Egypte, par Savary. *Paris*, 1785,
3 *vol. fig.*

10 . . 95 Voyages dans les Deux - Siciles, par Spallanzani.
Paris, an VIII, 6 *vol. fig.*

9 . . 50 Voyage en Morée, etc. par Pouqueville. *Paris*,
1805, 3 *vol. fig.*

6 . . 95 Histoire de Frédéric-Guillaume II, roi de Prusse,
par Ségur. *Paris*, 1800, 3 *vol.*

gregoire p.

marque le sept.

Delan

cordier   l'atlas imparfait

gregoire
p.
pillet.
cordier
warié ainé.

                           tableau. wari f

                           oeuvres. C.

p.

Rey

Rey

Rey

marque l'atlas

traité. hous. 10.d

marque l'église

Movier. wor. 6.tt
marque l'atlas

p

Bonnefons.

fournier j.e

bollard.

p

p

Brunard.

Brunard,

Crozet.

p.

p.

Roy

p.

Desforges

Cordier.

N° XLIV. 54 *vol. in-8. rel.* dont :

Voyages de Mackenzie dans l'intérieur de l'Amé- *8.*
rique septentrionale, trad. par Castéra. *Paris,*
1802, 3 *vol.*

Statistique de la France et de ses colonies, par *18 - -65.*
Herbin. *Paris,* 1807, 7 *vol.*

Traité d'Economie politique, par Say. *Paris,* *12 - 5.*
1814, 2 *vol.*

Voyage au Canada, par Weld. *Paris,* 1800, 3 *11 -95.*
vol. fig.

Voyage dans l'intérieur de l'Afrique, par Damber- *4.*
ger. *Paris, an IX,* 2 *vol. fig.*

Voyage en Irlande, par Arthur Young. *Paris,* *5 -80.*
1800, 2 *vol. fig.*

Description de l'Univers, par Manesson Mallet. *6*
Paris, 1683, 5 *vol. fig.*

N° XLV. 47 *vol. in-8. rel.* dont :

Dictionnaire des Synonymes de la langue fran- *8 - 5.*
çoise, par Guizot. *Paris,* 1809, 1 *vol.*

Œuvres de Le Brun. *Paris,* 1811, 4 *vol.* - - — *13.*

Voyage à Samarang, à Macassar, etc. par Stavo- *4 - 5.*
rinus. *Paris, an VII,* 2 *vol. fig.*

Voyage en Perse, en Arménie, etc. par Morier. *4.*
Paris, 1813, 3 *vol. in-8.*

Voyage de Platon en Italie, trad. par Barère. *4 -95.*
Paris, 1807, 3 *vol. fig.*

Voyage autour du Monde, par Dixon. *Paris,* *2 -65.*
1789, 2 *vol. fig.*

Abrégé du Système de la Nature de Linné, par *1 - 50.*
Gilibert. *Lyon,* 1802, 1 *vol. fig.*

N° XLVI. 30 *vol. in-8. rel.* dont :

Voyage en Espagne, par Swinburne. *Paris,* 1787, *3.*
gr. in-8.

6 — — Voyage pittoresque en Angleterre, par Gilpin. *Paris, an v, 2 vol. fig.*

11 — 95 Bibliothèque universelle des Voyages, par Boucher de La Richarderie. *Paris, 1808, 6 vol.*

3 — 35 Relation des îles Pelew, par Wilson. *Paris, 1793, 2 vol. fig.*

4 — — Voyages et Mémoires de Benyowsky. *Paris, 1791, 2 vol.*

N° XLVII. 36 *vol. in-8. rel.* dont :

30 — — Histoire de France pendant le xviiie siècle, par Lacretelle. *Paris, 1810, 6 vol.*

7 — 60 Voyage en Suisse, par William Coxe. *Paris, 1790, 2 vol. fig.*

6 — 50 Voyage à l'Ile-de-France, (par B. de Saint-Pierre). *Paris, 1773, 2 vol. fig.*

3 — — Voyage au Bengale, par Cossigny. *Paris, an viii, 2 vol.*

7 — — Voyages en Turquie, en Perse, etc. par Ferrieres-Sauvebœuf. *Paris, 1807, 2 vol.*

3 — 60 Voyage en Sicile et à Malthe, par Brydone. *Paris, 1775, 2 vol.*

3 — 5 Nouveau Traité de l'Arpentage, par Lefevre. *Paris, 1803, 2 tomes en 1 vol. fig. v.*

N° XLVIII. 20 *vol. in-8. rel.* dont :

70 — — Annales des Voyages, par Malte-Brun. *Paris, 1808, fig.*

N° XLIX. 52 *vol. in-8. rel.* dont :

15 — 50 Œuvres de Colardeau. *Paris, 1784, 2 vol. fig. m. vert.*

5 — 95 Voyage à Peking, etc. par de Guignes. *Paris, 1808, 3 vol.*

2 — 10 Voyage en Portugal, par le duc Du Chatelet, revu

Desforges.
Rey

p.

p.

[illegible]

p.
grégoire.
Erozet.
p.
p.
p.
simonnet.

Rey.

p.
p.

voyages. C.

histoire. Wor. 25.

st pierre. Wor. 6

furier. Wor. 6

œuvres. Cag.

P

Rey.

Brionnet.

Redon

Ney

Ney

gregoire

Rey
Daforges

Rey

metrique l'atlas

Lyon

Ney

Brunet.

(15)

par Bourgoing. *Paris, an VI, 2 tomes en 1 vol. fig.*

Voyage pittoresque en Suisse et en Italie, par Cambry. *Paris, 1801, 2 vol. fig.*   4 - 5.

N° L. 22 *vol. in-fol. et in-4. rel.* dont :

Premier et second Voyages de Vaillant dans l'inté-rieur de l'Afrique. *Paris, 1796, 3 vol in-4. fig.*   26 - 95.

Essai sur les Isles Fortunées, par Bory de Saint-Vincent. *Paris, an XI, in-4. fig.*   3 - 60.

Histoire des Glacières de Suisse, trad. de l'allemand de Grouner par Kéralio. *Paris, 1770, in-4. fig.*   6

La Religion vengée, poëme, par Bernis. *Parme, 1795, in-fol. cart.*   7 - 50.

Voyage à la mer du Sud, par Frézier. *Paris, 1716, fig.*   4 - 5.

N° LI. 20 *vol. in-4. rel. et br.* dont :

Voyage à la Nouvelle-Guinée, par Sonnerat. *Paris, 1776, fig. v.*   9

Mœurs des Turcs, par Guer. *Paris, 1747, 2 vol. fig.*   11 - 50

Voyage en diverses parties du Monde, par de Verdun et autres. *Paris, Imp. royale., 1778, 2 vol. fig.*   5 - 55

Voyage au Pôle boréal, par Phipps. *Paris, 1775, 1 vol. fig.*
Description de l'Art de fabriquer les canons, par Monge. *Paris, an II, 1 vol. fig. br.*   } 8 - 50.

N° LII. 40 *vol. in-8. rel.* dont :

Voyage dans l'intérieur de la Chine, par Macar-tney, trad. de l'anglois par Castéra. *Paris, 1804, 5 vol.*   6 - 95.   11 - 5

Description des Pyrénées, par Dralet. *Paris, 1813, 2 vol. fig.*   6 - 95

Voyage de Samuel Hearne, dans la baie de Hud-son. *Paris, 1799, 2 vol. fig.*   3 - 5.

4 - - Voyage en Grèce, par Bartholdy. *Paris, 1807,* 2 *tomes en* 1 *vol. fig.*

2 - - 5 Voyage à Constantinople, par milady Craven. *Paris*, 1789, *fig.*

6 - 5 {
Voyages dans l'Inde, par Taylor, trad. de l'anglois par Grandpré. *Paris*, 1803, 2 *vol.*
Voyage autour du Monde, par Pagès. *Paris*, 1782, 2 *vol. fig.*
}

10 - - 5 Séthos, par Terrasson. *Paris, 1795*, 2 *vol.*

N° LIII. 46 *vol. in-8. rel.* dont :

44 - 50 Voyages de Pythagore (par Sylvain Maréchal). *Paris*, 1799, 6 *vol. fig.*

11 - - 95 Voyage dans l'Empire Othoman, l'Egypte et la Perse, par Olivier. *Paris, an* IX, 6 *vol.*

Il manque l'Atlas.

10 - - 5 Voyage en Syrie, par Volney. *Paris, an* VII, 2 *vol. fig.*

9 - - Second Voyage en Russie, par Pallas. *Paris*, 1811, 4 *vol.*

Il manque l'Atlas.

N° LIV. 36 *vol. in-4. et in-8. rel.* dont :

3 - - Nouvelles Découvertes des Russes, par W. Coxe. *Paris*, 1781, 1 *vol. in-4. fig.*

74 - 95 Voyage dans les départemens de la France. *Paris*, 1792, 14 *vol. in-8. fig. v. m.*

8 - - {
Voyage de Sophie en Prusse, etc. par Lamare. *Paris*, 1802, 3 *vol. in-8. fig.*
Voyage en Angleterre, etc. par Faujas de Saint-Fond. *Paris*, 1797, 2 *vol. in-8. fig.*
}

N° LV. 15 *vol. in-8. br. en cart.* dont :

53 - 5 {
Œuvres de Jacques Delille : Géorgiques de Virgile. *Paris*, 1804.
}

P.

pellicier.

Rouget.

Rey

Rey

Bachelier.

Crozet.

P.

Rey

Rey

warte uncle

Martin

second. Nov. 8th

l'eneide. blenet. 16^d.
paradis. blenet. ar 12^d.

Lettres. blenet. 4^d.
    marque l'atlas.

voyage. C. marque l'atlas.

blenet.

p.

giroux

marie ainé

p.

pichard.

guilleminot.

bonnefoi

p.

Les Jardins. *Paris*, 1782.
L'Homme des Champs. *Basle*, 1800.
La Pitié. *Paris*, 1803, *fig. Pap. Vél.*
L'Enéide. *Paris*, 1804, 4 *vol. fig.*
Paradis perdu de Milton. *Paris*, 1805, 3 *vol.*
L'Imagination. *Paris*, 1806, 2 *vol. fig.*
Les Trois Règnes de la Nature. *Paris*, 1808, 2 *vol.*

N° LVI. 36 *vol. in-8. rel.* dont :

Lettres sur la Grèce, l'Hellespont, etc. par Cas-   3 -- 95 .
   tellan. *Paris*, 1811, 2 *vol. en* 1, *fig.*
Voyage de la Troade, par Le Chevalier. *Paris*,   3 -- 50 .
   1802, 3 *vol.*
Nouveau Voyage autour du Monde, par Pagès.   4 .
   Paris, 1797, 3 *vol. fig.*
Voyage en Allemagne, par Riesbeck. *Paris*, 1788,   4 -- 55 .
   3 *vol. fig.*
Description générale de la Chine, par Grosier.   2 -- 55 .
   Paris, 1787, 2 *vol.*

N° LVII. 70 *vol. in-8. rel.*

Œuvres de Voltaire. *Kehl*, 1784, *papier à* 6 *fr.* - 69 -- 80 .
Il manque les 20 premiers vol. ; plus, les tomes 44, 45,
64, 65 et 66, en tout, 25 vol.

N° LVIII. 23 *vol. in-8. rel.*

Répertoire du Théâtre françois, par Petitot. *Paris*,   79 -- 95 .
   1803, *fig.*
Il manque le tome second.

N° LIX. 33 *vol. in-8. rel.* dont :

Ephémérides politiques, littéraires et religieuses,   34 -- 50 .
   par Noël. *Paris*, 1812, 12 *vol.*
Voyage dans l'Amérique méridionale, par Azara.   5 -- 95 .
   Paris, 1809, 4 *vol.*

B

4—75   Voyage dans les départemens du midi de la France, par M. Millin. *Paris*, 1807, *2 vol.*

4—95   Narrations d'Omaï, insulaire de la mer du Sud. *Paris*, 1790, 4 *vol.*

N° LX. 36 *vol. in-8. rel. et cart.* dont :

14—   Tableau de la Grande-Bretagne. *Paris*, 1800, 4 *vol. fig.*

7—30   Cours de Botanique médicale comparée, par Bodard. *Paris*, 1810, 2 *vol.*

8—50   Description des Pyrénées, par Dralet. *Paris*, 1813, 2 *vol. Pap. Vél.*

4—30   Voyage en Portugal, par Link. *Paris*, 1803, 2 *vol. fig.*

N° LXI. 36 *vol. in-8. rel.*

47—15   Voyages imaginaires. *Paris*, 1787, *fig.*

N° LXII. 34 *vol. in-4. et in-8. rel.* dont :

11—95   Voyage au Cap-Nord par la Suède, la Laponie, etc. par Acerbi, trad. de l'anglois par Lavallée. *Paris*, 1804, 3 *vol. et atlas in-4.*

8—95   Voyage en Autriche, par Marcel-de-Serres. *Paris*, 1814, 4 *vol.*

5—5   Voyage dans les Isles Vénitiennes du Levant, par Grasset-Saint-Sauveur. *Paris, an VIII*, 3 *vol. in-8.*

12—   Voyage de la Terre-Ferme, dans l'Amérique méridionale, par Depons. *Paris*, 1806, 3 *vol. fig.*

41—   'Choix de Lettres édifiantes. *Paris*, 1808, 8 *vol. cart.*

N° LXIII. 50 *vol. in-8. et in-12. rel.* dont :

8—10 - Histoire de Clarisse Harlowe, par Richardson,

La Loy.

p.

marque l'atlas.

Crozet.

Rey

Rey

Rey

Watié Briel

partie en Basanne, partie Dem. rel.

p.

cap nord. dig.

Rey

grasset.

marque l'atlas. grasset. dig.

Rey

grasset

depons. dig.

p.

p.

crozet.

p.

p.

Delau

m. huzard.

Cordier

crozet.

Delau

chobee

Delau

p.

sinonnet

Dalonger.

p.

trad, par Prévost. *Paris*, 1766, 13 *tomes rel.* en 6 *vol. fig.*

Essais de Montaigne. *Paris*, 1802, 4 *vol. in-12.* 5 . 30
Edition stéréotype.

Vie du maréchal de Villars, par Anquetil. *Paris*, 5 . 20
1784, 4 *vol. in-12.*

Lettres écrites de Suisse, etc. par Rolland. *Amst.* 3 .
1780, 6 *vol. in-12.*

Dictionnaire universel de la France, par Robert de 7 . 60
Hesseln. *Paris*, 1771, 6 *vol. in-8.*

Voyage en Toscane, par Targioni Tozetti. *Paris*, 2 . 50
1792, 2 *vol. in-8.*

Traité sur les Abeilles, par Feburier. *Paris*, 1810, 2 . 10
in-8. fig.

N° LXIV. 58 *vol. in-12 rel.* dont :

Vies des Hommes illustres de Plutarque, trad. par 14 . 5
Dacier. *Paris*, 1762, 14 *vol.*
Il manque le tome second.

Mémoires de madame de Maintenon, par La Beau- 8 . 10
melle. *Amst.* 1755, 6 *vol.*

Œuvres de Clément Marot. *La Haye*, 1731, 6 *vol.* 5 . 25

La Lusiade du Camoëns, trad. par Duperron de 4 .
Castera. *Paris*, 1735, 3 *vol. fig.*

Œuvres d'Ovide, trad. par Martignac, en lat. et en 7 . 10
franç. *Lyon*, 1697, 9 *vol. fig.*

N° LXV. 50 *vol in-12 rel.* dont :

Voyages de Tavernier. *Rouen*, 1724, 6 *vol. fig.* — 9 . 55

Nouvelle relation d'Afrique, par le P. Labat. *Paris*, 5 . 60
1728, 5 *vol. fig.*

Description du Cap de Bonne - Espérance, par 2 . 80
Kolbe. *Amst.* 1742, 3 *vol. fig.*

Voyages en France, en Allemagne, en Turquie, 9 .
etc., par Dumont, *Lahaye*, 1699, 4 *vol. fig.*

N° LXVI. 5o *vol. in-*12 *rel.* dont :

10 - -5   Voyage en Italie, par Lalande. *Paris*, 1769, 8 *vol.*

.8 —   Recueil des Poètes françois, depuis Villon jusqu'à Benserade, par Fontenelle. *Paris*, 1752, 6 *vol.*

3 - - —   Voyage de l'Italie, par Misson. *Utrecht*, 1722, 4 *vol. fig.*

4 - — 10   Voyages de Monconys. *Paris, (Hollande)*, 1695, 5 *vol. fig.*

2 - —   Amusemens des Eaux de Spa. *Amst.* 1734, 2 *vol. fig.*

N° LXVII. 6o *vol. in-*8. *et in-*12. *rel.* dont :

3 - —   Dictionnaire des Arts et Métiers. *Paris*, 1766, 2 *vol. in-*8.

2 - -5   Voyages historiques de l'Europe, (par Jordan). *Paris*, 1701, 8 *vol. in-*12.

5 - -5   Corinne, ou l'Italie, par madame de Staël. *Paris*, 1807, 3 *vol. in-*12.

2 - -9a.   Nouvelle relation, ou Voyages dans la Nouvelle-Espagne, par Th. Gage. *Amst.* 1685, 2 *vol. in-*12. *fig.*

N° LXVIII. 5o *vol. in-*8. *et in-*12. *rel.* dont :

14 - -95   Voyage aux Isles de l'Amérique, par le P. Labat. *Paris*, 1722, 6 *vol. in-*12. *fig.*

4 - -95   Dictionnaire du Jardinier françois, Par Fillassier. *Paris*, 1803, 2 *vol. in-*8.

3 - -6o   Œuvres de la Chaussée. *Paris*, 1777, 5 *vol.*

2 - -6o.   Voyage d'Italie, par Cochin. *Paris*, 1758, 3 *vol.*

2 - -10   Du Royaume de Siam, par La Loubere. *Paris*, 1691, 2 *vol. fig.*

N° LXIX. 57 *vol. in-*12. *rel.* dont :

15 - —   Le Voyageur françois, par Delaporte. *Paris*, 1772, 28 *vol.*

Desprges
crozet
Delaus

p.

p.

p.

p.
la Loy
p.

p.
m° hazard.
p.
gregoire
n

Cordier.

manque l'atlas.

recueil. Wor. 120
voyage. Wor. 4

simonnet.
girard

gregoire
fournier ainé

Histoire naturelle, civile, etc. du Japon, par
Kæmpfer. *La Haye*, 1732, 3 *vol. fig.*
Voyage autour du Monde, par Anson. *Paris*, 1764,
4 *vol. fig.*
Œuvres de la Grange - Chancel. *Paris*, 1758,
5 *vol. fig.*

N° LXX. 46 *vol. in-8. et in-12 rel.* dont :

Traité des Études, par Rollin. *Paris*, 1730,
4 *vol.*
Recueil de Voyages au Nord. *Amst.* 1731, 10
vol. fig.
Voyage de Lesseps. *Paris*, 1790, 2 *vol. in-8. fig.*
Lettres sur la Silésie, par Quincy Adams, trad.
de l'anglois par Dupuy. *Paris*, 1807, *in-8.*
Voyage en Italie et en Sicile, par Creuzé de Lesser.
Paris, 1806, *in-8.*

N° LXXI. 57 *vol. in-8. et in-12. rel.* dont :

Voyage de la Propontide et du Pont-Euxin, par
Le Chevalier. *Paris*, 1800, 2 *vol.*
Voyage de découvertes dans l'Océan pacifique, par
Broughton. *Paris*, 1807, 2 *vol. in-8. fig.*
Voyages de R. Pockocke en Orient, etc. *Paris*,
1772, 6 *vol. in-12.*
Voyages dans diverses contrées de l'Asie, par d'An-
termony. *Paris*, 1766, 3 *vol. in-12. v. f.*
Les Délices des Pays - Bas. *Bruxelles*, 1743, 4
vol. fig.

N° LXXII. 51 *vol. in-8. et in-12. rel.* dont :

Nouveau Barême, par Blavier. *Paris*, 1798, *in-8.*
Voyages d'Ovington à Surate, etc. *Paris*, 1725,
2 *vol. in-12.*
Voyage au Mont-Liban, en Palestine, etc. par
Binos. *Paris*, 1787, 2 *vol. in-12. fig.*

Voyage d'Abissinie, par le P. Lobo. *Amst.* 1728, 2 *vol. in-*12. *fig. v.*

N° LXXIII. 32 *vol. in-*8. *cart.*

Bulletin des Lois, depuis le 19 nivôse an VIII, jusqu'au 19 mars 1815 inclusivement.

N° LXXIV. 22 *vol. in-*4. *in-*8. *et in-*12. *rel.* dont :

Nouveau Parfait Notaire, par Massé. *Paris,* 1805, 2 *vol. in-*4.

Traité élémentaire du Notariat, par Garnier-Deschesnes. *Paris,* 1807, *in-*4.

Nouveau Manuel forestier, par Baudrillard. *Paris,* 1808, 2 *vol in* 8. *v. fig.* Pap. *Vél.*

Dictionnaire forestier, par Dumont. *Paris,* 1803, *in-*8. *v.*

De l'administration des finances de France, par Necker. (*Paris*), 1784, 3 *vol. in-*8. *m. r.* Pap. *de Hollande.*

N° LXXV. 50 *vol. in-*8. *et in-*12. *rel.* dont :

Secrets concernant les Arts et Métiers. *Paris,* 1791, 4 *vol. in-*12.

Dictionnaire des Beaux-Arts, par La Combe. *Paris,* 1753, *in-*8.

Londres, par Grosley. *Paris,* 1788, 4 *vol in-*12.

Œuvres de Campistron. *Paris,* 1750, 3 *vol. in-*12.

N° LXXVI. 50 *vol. in-*8. *et in-*12. *rel.* dont :

Voyages de Pietro della Valle. *Rouen,* 1745, 8 *vol. in-*12.

Voyage du tour du Monde, par Gemelli-Careri. *Paris,* 1727, 6 *vol. in.*12. *fig.*

Contes des Génies, par Morell. *Amst.* 1786, 3 *vol. in-*12. *fig.*

p.

fournier ainé.

Marié oncle

Mc huzard.

Desforges.

Mc huzard.

p.
clerc.

p.
Marié l'ainé.

p.

Marié ainé
Ney
Brunard.

Crozet.
Marié ainé.
Marié cadet

Loiseau
trachy.

Cordier.

les trois tomes en 2 vol.

Voyage. Nov. 20

Cours de Pathologie, par Hévin. *Paris,* 1785,   *3 - - 5.*
   2 *vol. in*-8.

N° LXXVII. 91 *vol. in*-4., *in*-8. *et in*-12. *rel. et*
        cart. dont :

Voyage en Espagne et en Italie, par le P. Labat.   *5 .*
   Paris, 1730, 8 *vol. in*-12.
Académie universelle des Jeux. *Lyon,* 1802, 3 *vol.*   *4 . . 5 .*
   in-12. *fig.*
Recueil général des loix, etc. concernant les   *6 .*
   Droits Réunis. *Paris,* 1806, 6 *vol. in*-8. *cart.*

     N° LXXVIII. 56 *vol. in*-12 *rel.* dont :

Voyage dans la Basse et la Haute – Egypte, par   *6 .*
   Denon. *Paris,* 1803, 3 *vol.*
Voyage aux Indes-Orientales, par Duquesne. *Rouen,*   *1 — 80 .*
   1721, 3 *vol.*
Etat présent de l'Empire Ottoman, par Ricaut,
   trad. par Briot. *Paris,* 1671, 1 *vol. fig.*   *2 . . 20 .*
Voyage de la baye de Hudson, par Ellis. *Paris,*
   1749, 2 *vol. fig.*

   N° LXXIX. 5 *vol. in*-4. *et in-fol. rel. et cart.* dont :

Campagne de Maillebois. *Paris,* 1775, 2 *vol. in*-4. *133 . . 5 .*
   et atlas.
Voyage pittoresque de l'Istrie et de la Dalmatie,   *89 . . 5*
   par Lavallée. *Paris,* 1802, *grand in-fol. fig.*
   br. en cart.

N° LXXX. 11 *vol. in-fol.* Grand Papier, *rel.* en
        vélin.

Theatrum exhibens variarum Regionum Europæ   *35 . . 25 .*
   civitates, etc. cum figuris. *Amst.* 1650, *et*
   annis sequent.

Nº LXXXI. 10 *vol. in-fol. rel. et cart.* dont :

23 - - Atlas historique , par Gueudeville. *Amst.* 1718,
7 *vol. fig.*

Nº LXXXII. 26 *vol. in-fol. in-4. et in-8. rel.* dont:

40 - — Poesie del abate Metastasio. *Parigi*, 1755, 12
vol. in-8.

3 - — Deche di Tito Livio vulgare historiate. *In Venetia*,
1502, *in-fol. fig. en bois.*
De Bonificamenti delle terre Pontine , da Nic. Mar.
Nicolai. *In Roma*, 1800 , *in-fol. fig.*

Nº LXXXIII. 38 *vol. in-4. in-8. in-12. et in-16.*
dont :

9 - — Scelta di Sonetti e canzoni de' più eccellenti rima-
tori d'ogni secolo. *In Venezia*, 1739, 5 *vol.*
in-12. v. f.

3 .. *60* Storia di Tullio Cicerone dal Middleton tradotta in
lingua italiana. *Venezia*, 1748 , 5 *vol. in-8.*

2 .- *60* Le Aventure di Telemaco. *Parigi*, 1785, 2 *tomes*
en 1 *vol. in-12.*

14 .. *95* Historia del cavallier Flortir. *In Venetia*, 1554 ,
in-8.

D . 3 .- 50 Le Metamorfosi di Ovidi dall' Anguillara. *In Venetia*, 1613 , *in-4. fig.*

Nº LXXXIV. 12 *vol. in-4.*

60 - —Opere di Torquato Tasso. *In Venezia* , 1722,
v. m.

Nº LXXXV. 30 *vol. in-4. in-8. et in-12. rel.* dont :

D . 32 - 95 Teatro de Ramon de la Cruz y Cano. *Madrid*,
1786 , 8 *vol. pet. in-8.*

Warie oncle

Rey.
Warie ainé.

retiré.

Rey

giroux
Rey

Rey   pas beau et rogné à la lettre.

tro vilain   dispuria. R.

metamorfosi. R.

Rey

teatro. C.

historia. 4 vol. in 12. C.

                                        Rey.

            retiré -

                                        Rey.

                                        Rey.

                                        fournier jⁿ.

historia. C.

el pelayo. C.

historia. C.

Historia de la Florida, por Garcilaso de la Vega. Madrid, 1803, 4 vol. in-12.
Historia de la Conquista de Mexico, por Ant. de Solis. En Madrid, 1776, in-4.

N° LXXXVI. 12 vol. in-fol. et in-4. rel. dont :

Relacion historica del Viage a la America meridional, por don Jorge Juan, y don Antonio de Ulloa. En Madrid, 1748, 3 vol. in-4. fig.
Historia de la Florida, del Inca, por Garcilaso de la Vega. En Madrid, 1723, in-fol.
Historia general del Peru, por Garcilaso de la Vega. En Madrid, 1722, in-fol.
Commentarios reales de los Incas, por Garcilaso de la Vega. En Madrid, 1723, 1 vol. in-fol.
Descripcion del Monasterio de S. Lorenço el real del Escorial, por Francisco de los Santos. En Madrid, 1657, in-fol. fig.
Monarchia indiana, por Juan de Torquemada. En Madrid, 1723, 3 vol. in-fol.

N° LXXXVII. 26 vol. in-4. et in-12. rel. dont :

Novelas compuestas por Juan Perez de Montalvan. Barcelona, 1734, in-4.
Historia de Gibraltar, por Lopez de Ayala. En Madrid, 1782, in-4. fig.
Theatro español, por don Vic. Garcia de la Huerta. En Madrid, 1785, 14 vol. in-12.
El Pelayo : poema, por don Alonso de Solis. En Madrid, 1754, in-4.

N° LXXXVIII. 22 vol. in-8. et in-12. rel.

Parnaso español. En Madrid, Joa. Ibarra, 1768, 9 vol. in-8.
Historia general del Perù, por Garcilaso de la Vega. Madrid, 1800, 13 vol. in-12.

N° LXXXIX. 16 *vol. in-fol. in-4. in-8. et in-12. rel. et br.* dont :

Historia del Rebelion y castigo de los Moriscos del Reyno de Granada, por Luis del Marmol. *En Madrid*, 1797, 2 *vol. in-4. fig. rel.*

Aventuras de Gil Blas de Santillana por M. Lesage. *En Madrid*, 1795, 7 *tomes rel.* en 4 *vol. in-4. fig. rel.*

Théorie et pratique du dessin, *en allemand.* 1759, *in-fol. fig. rel.*

Dictionnaire portatif, françois-hollandois et hollandois-françois, par Marin, revu par Holtrop, *Dordrech*, 1786, 2 *vol. in-8. rel.*

N° XC. 13 *vol. in-fol. in-4. et in-8. rel.* dont :

General Dictionary of the english language, by Th. Shéridan. *London*, 1780, 2 *vol. in-4.*

Dictionnaire allemand et anglois. *Leipsig*, 1745, *in-4.*

English, german and french dictionary, by Christian Ludwig. *Leipsig*, 1736, *in-4.*

The Works of Flavius Josephus. *London*, 1754, *in-fol. fig.*

N° XCI. 22 *vol. in-8. rel.* dont :

New geographical, historical, and commercial Grammar, by Guthrie. *London*, 1796, *fig.*

The History of the Revolution in South–Carolina, by David Ramsay. *Trenton*, 1785, 2 *vol. fig.*

Poems on several subjects, by John Ogilvie. *London*, 1769, 2 *vol. gr. in-8. v. f. fig.*

The decline and fall of the roman Empire, by Ed. Gibbon. *Basil*, 1787, 13 *vol.*

historia. C.

Acy

Brunad.

p.

p.

p.

p.

p.

Acy.

general. char. 42

retin'.

Accord.

gregoire
Warré l'ainé.
Second.

p.

Second.

le meme

Second.

p.

guthrie. C.

Warré ainé.

N° XCII. 25 *vol. in-8. et in-12. rel.* dont :

The Denial ; or, the happy Retreat, a Novel , by James Thompson. *London, 1790, 3 tomes en un vol. 12.*   3.-9⁵.

Essays of Michael seigneur de Montaigne. *London, 1700, 3 vol. in-12.*   7.-40.

Arabian night's entertainments. *London, 1778, 4 tomes en 2 vol. in-12.*   7.-5.

Works of Laurence Sterne. *London, 1783, 10 vol. in-8. fig.*   9.-50.

Il manque le tome Vᵉ.

N° XCIII. 40 *vol. in-8. in-12. et in-16. rel.* dont :

The Life of captain James Cook. *Basil, 1788, 2 vol. in-8.*   4.-20.

Works of Th. Otway. *London, 1728, 2 vol. in-12.*   1.-65.

The spiritual Quixotte. *Dublin, 1774, 2 tomes en 1 vol. in-12.*

Letters of lady Montagute. *London, 1763, 3 vol. pet. in-8. rel. en 1.*   3.-10

N° XCXIV. 44 *vol. in-8. et in-12. rel. et br.* dont :

Recueil de pièces de théâtre, *en anglois.* 17 *vol. in-12.*   19.-95.

The life of Grotius, by de Burigny. *London,1754, in-8.*

Paradis perdu de Milton, *en allemand,* par J.-J. Bodmer. *Zurich, 1742, in-8.*   3.-5.

N° XCXV. 15 *vol. in-4. in-8. et in-12. rel. et br.* dont :

Guthrie's Tour trough the Crimea, and along the Euxine Coast. *London, 1802, in-4. fig. cart.*   31.-95.

Le petit Neptume françois, traduit *en anglois* du Petit flambeau de la mer de du Bocage. *Londres, 1761, in-4. fig.*   3.-5.

2 – – On the origin, nature, progress and influence of consular establishments by Warden. *Paris*, 1813, *in-8. cart.*

2 – 15 The Columbiad, a poem, by Barlow. *Paris,* 1813, *in-8. Pap. Vél.*

N° XCXVI. 17 *vol. in-8. et in-12 rel.*

8 – – The Works of Alex. Pope. *London*, 1777, 8 *vol. in-12.*

Il manque le second volume.

36 – – The Works of Homer, translated by Alex. Pope. *London*, 1771, 9 *vol. in-8. fig.*

N° XCXVII. 22 *vol. in-4. et in-12. rel.* dont :

22 – – The history of Ch. Grandison, by Samuel Richardson. *London*, 1770, 7 *vol. in-12.*

7 – 5 The Ancient History, by Rollin. *Edimburgh,* 1758, 10 *vol. in-12. fig.*

5 – 5 Dictionnaire italien et anglois, anglois et italien, par Altieri. *Venise,* 1751, 2 *vol. in-4.*

N° XCXVIII. 21 *vol. in-8. et in-12. rel.* dont :

15 – 85 Poesie drammatiche di Aposto Zeno. *In Orleans,* 1785, 11 *vol. in-8. rel. en* 10, *v. ec.*

15 – 50 Delle commedie di Carlo Goldoni. *In Venezia,* 1761, 10 *vol. in-8. fig.*

Il manque les sept derniers.

N° XCXIX. 126 *vol in-8. rel.*

149 – 95 Histoire naturelle de Buffon, rédigé par Sonnini. *Paris, an VIII, fig.*

Il manque les tomes 2, 3 et 4 de l'Histoire de L'homme. = Le tome Ier de l'Histoire Naturelle des oiseaux. = Les volumes des Singes et des Tables. En tout 119 volumes.

Gab. Warée.

Cordier.

Darré.

Warée ainé.
p.tion guillaume

Warée l'ainé.

Brunard.

Marié oncle

idem.

fournier ainé

idem.

cordier

idem

girouse
cordier.

p.
Rey.

N° C. *44 vol. in-fol. et in-4. rel. et br.* dont :

Manuel du Commerce des Indes–Orientales et de
la Chine, par Blancard. *Paris*, 1806, *in-4.
fig. rel. Grand Papier.*

Description de tous les Pays-Bas, par Guicciardin.
Anvers, 1782, *in-fol. fig. rel.*

Code pénal. *Paris, Imp. imp.* 1810, *in-4. rel.*

N° CI. *5 vol. in-fol. et in-4. rel.*

Voyage en Sibérie, par Chappe d'Auteroche. *Paris*, 1768, *3 vol. gr. in-4. et atlas.*

Description des îles de l'Archipel, par Dapper.
Amst. 1703, *in-fol. fig.*

N° CII. *112 vol. in-8. in-12. et in-16. rel. et broch.
(livres dépareillés).* dont :

Voyages dans l'intérieur de la Louisiane, etc. par
Robin. *Paris*, 1807, *les tomes 2 et 3 in-8. rel.*

Corps d'extraits de Romans de chevalerie, par
Tressan. *Paris*, 1782, *les tomes 2 et 3 in-12. rel.*

Voyage du chevalier Des Marchais en Guinée et à
Cayenne, par le P. Labat. *Paris*, 1730, *les 3
premiers vol. in-12. fig. rel.*

Essais de Michel de Montaigne, avec notes de
Coste. *La Haye*, 1727, *les tomes 3, 4 et 5 rel.*

La Navigation, poëme, par Esménard. *Paris*,
1805, *2 vol. in-8. fig. manque le tome 1, rel.*

N° CIII. *71 vol. in-4. in-8. in-12 et in-16. rel. et
br.* dont :

Correspondance littéraire, etc. par Grimm et
Diderot. *Paris*, 1812, *10 vol. in-8. rel.*

Nouvel Atlas d'Angleterre. *Paris*, *Desnos*, 1767,
in-4. rel.

N° CIV. 67 *vol. in-8. rel. et br.*

50--30 Recueil d'Almanachs royaux, nationaux et impériaux, parmi lesquels la série depuis l'an x jusqu'en 1815 inclusivement, est en papier vélin.

N° CV. 25 *cartes collées sur toile et renfermées dans des étuis,* dont :

15 —— Carte des postes de France, collée sur satin blanc, dans un étui de m. r.

21 - - Grande Carte d'Italie, collée sur toile. *Rome,* 1794.

N° CVI. 163 *vol. in-4. rel. et cart.*

700 . . Encyclopédie méthodique, par ordre de matières. *Paris,* 1782. Savoir :

Agriculture. *Les 5 premiers vol. rel.*

Amusemens des Sciences physiques. 1 *vol. Les planches sont reliées dans le huitième vol. des planches des arts et métiers, rel.*

Assemblée constituante. *Le tome 2 rel.*

Antiquités. 5 *vol. complets, et* 380 *planches rel. en 2 vol.*

Architecture. *Le tome premier rel. et la première partie du tome 2 cart.*

Art aratoire. 1 *vol. et* 1 *de planches, rel.*

Art militaire. 4 *vol. complet pour le texte.*

Arts et métiers. 16 *vol. rel. en 8, et 8 de planches.*

Beaux-arts. 2 *vol. et les planches rel. (complet).*

Botanique. 8 *vol. supplément, les* 3 *premiers vol. et 4 vol. renfermant* 900 *planches rel.*

Chasse et pêche. 1 *vol. et* 1 *de planches rel.*

Chimie et Métallurgie. 5 *vol. rel. le sixième cart. et planches (complet).*

Chirurgie. 2 *vol. et* 1 *vol. de planches (complet).*

Commerce. 3 *vol. (complet) rel.*

Economie politique et diplomatique. 8 *vol. rel. en 4.*

Encyclopediana, ou Dictionnaire des Ana. 1 *vol. rel.*

Dabis

remeil. Wor. no

p.
Laloy.

grande. Wor. 20

planches

Rey

Équitation, Escrime, etc. 1 *vol. de texte seulement, rel.*
Finances. 3 *vol. rel.* (*complet*).
Géographie ancienne. 6 *vol. en* 3 *rel.*
Géographie moderne. 6 *vol. en* 3 *rel.*
Atlas encyclopédique, avec le texte et les cartes. 2 *vol. en* 1 *rel.*
Géographie physique 3 *vol. rel. et la première partie du tome* 4 *cart.*
Grammaire et Littérature. 6 *vol. rel. en* 3.
Histoire. 12 *vol. rel. en* 6. *Il manque les planches.*
Histoire naturelle, savoir : Quadrupèdes. *Tome premier, première partie, cart.*
Système anatomique des Quadrupèdes. *Tome* 2, *rel.*
Oiseaux. *Tome premier, deuxième part. cart. et tome* 2 *rel.*
Poissons. *Tome* 3, *première partie cart.*
Insectes. *Tome* 3, *seconde partie, et les tomes* 4, 5, 6, 7 *et* 8 *rel.*
Planches d'Histoire naturelle. 7 *vol. dépareillés, cart.*
Histoire naturelle des Vers. *Tome premier, deuxième partie, et tome sixième, première partie.*
— Idem. 2 *vol. séparés de planches cart.*
Jeux mathématiques. 1 *vol. rel.*
Jurisprudence. 10 *vol. rel. Manque la deuxième partie du tome* 8, *cart.*
Logique et Métaphysique, etc. 4 *vol. rel.* (*complet*).
Manufactures. 3 *vol.* (*complets*), *rel. Il manque les planches.*
Marine. 3 *vol. rel. sans les planches.*
Mathématiques. 3 *vol. rel. compris le Dictionnaire des Jeux, avec planches.*
Médecine. *Les* 8 *premiers vol. rel.*
Musique. *Le premier vol. rel.*
Philosophie ancienne et moderne. 6 *vol. en* 3 *rel.* (*complet*).
Physique. *Le premier vol. rel.*
Physiologie végétale, ou Forêts et Bois. *Le premier vol. rel.*
Théologie. 3 *vol. in-*4. (*complet*), *rel.*

N° CVII. 35 *vol. gr. in-fol. in-*4. *in-*8. *et in-*12. *rel. et br.* dont :

Recueil d'Estampes gravées par Sébast. Leclerc, 5.. représentant la campagne de Louis xiv en Hollande, en 1672. *Gr. in-fol.*

4. Fêtes célébrées à Parme, en 1769, à l'occasion du mariage de l'infant don Ferdinand et de l'archi-duchesse Marie Amélie. *Parme*, gr. *in-fol.* *fig.*

FIN.

www.ingramcontent.com/pod-product-compliance
Ingram Content Group UK Ltd.
Pitfield, Milton Keynes, MK11 3LW, UK
UKHW020954140726
13695UKWH00003B/1396